LAURETTE,

COMÉDIE

EN TROIS ACTES ET EN VERS,

Tirée des Contes de M. Marmontel;

Par M. D'OISEMONT.

Représentée par les Comédiens Ordinaires du Roi,
le 2 Août 1779.

A PARIS,

Chez VENTE, Libraire des Menus-Plaisirs du Roi
& des Spectacles de Sa Majesté,
rue des Anglois.

M. DCC. LXXX.

Avec Approbation & Permission.

A MONSIEUR,
MONSIEUR LE MARQUIS
DE GACHE,

Grand Chambellan de S. A. R. Monseigneur le Prince CHARLES - DE - LORRAINE , Conseiller Député des Etats du Brabant , &c. &c. &c.

MONSIEUR,

VOUS avez, un des premiers, applaudi cette Piece lors de l'essai que j'en fis faire il y a quelques années sur le Théâtre de votre ville. Vos conseils ont même fait disparaître quelques-uns de ses défauts. Je me proposai, dès-lors, de vous l'offrir, si jamais elle obtenait les honneurs de la scène Française, & si sur-tout elle avait l'avantage de s'y soutenir quelques représentations. C'est donc une espece de dette que je paye aujourd'hui à l'homme instruit & éclairé, connu depuis long-temps pour chérir & protéger les arts & la littérature. Daignez agréer ce foible témoignage du respectueux dévouement avec lequel je suis,

MONSIEUR,

Votre très - humble & très-obéissant serviteur, D'OISEMONT.

ACTEURS.

LAURETTE, *fille de Bazile, amante de Luzi.*

LUZI, *amant de Laurette.*

SOLIGNI, *ami de Luzi.*

BAZILE, *pere de Laurette.*

FINETTE, *suivante de Laurette.*

SAINT-GERMAIN, *valet-de-chambre de Luzi.*

LA FLEUR, *laquais de Luzi.*

La Scène est à Paris, dans la maison de Luzi.

LAURETTE,
COMÉDIE.

ACTE PREMIER.

SCÈNE PREMIERE.

LAURETTE, FINETTE, *paroissant achever la toilette de Laurette.*

LAURETTE.

Est-ce fait ?

FINETTE.

Permettez, un tour à cette aigrette :
J'aurai fini dans le moment.

LAURETTE.

Oh ! c'est bon.

FINETTE.

S'ennuyer devant une toilette !

A 3

Vous n'êtes pas affurément
De notre fexe.

LAURETTE.

Ah ! je n'étais pas faite
Pour efpérer jamais d'être vêtue ainfi.

FINETTE.

Combien vous allez plaire au Comte de Luzi !
Il vous trouvait déja fi belle
Dans vos fimples habits. Puis-je, Mademoifelle,
Lui dire qu'il vienne ?

LAURETTE.

Un inftant.

FINETTE.

Vous oubliez donc qu'il attend
Le moment de vous voir, fans bleffer la décence.
Je fuis fûre qu'il eft dans une impatience....
Vous êtes, vous, bien moins vive que lui,
Et moins tendre, je crois : ce n'eft que d'aujourd'hui
Que je vous fers ; mais je fuis clairvoyante,
Et je vous trouve un fonds d'ennui
Dont rien ne vous diftrait. Vous n'êtes pas contente,
Il s'en faut : cependant, je ne puis concevoir
Quels chagrins vous pouvez avoir ;
Un amant jeune & riche, occupé de vous plaire,
Qui cherche à prévenir les moindres de vos vœux,
Un homme aimable autant que généreux...
Que fouhaiter de plus !

LAURETTE.

(à part)

Il est vrai. Mais mon pere !

FINETTE.

Soupirez librement, sans vous cacher de moi :
Si vous saviez combien je suis compatissante !
D'ailleurs, une soubrette est toujours confidente,
C'est le plus fort de notre emploi.
Ouvrez-moi votre cœur ; allons : cela soulage.
Je puis vous être utile. Et puis ne sais-je pas
Quels sont les secrets de votre âge ?
Tenez, pour vous sauver le plus grand embarras,
Je vais vous deviner. Vous avez l'ame bonne,
Et l'amour de Luzi vous parle en sa faveur ;
Mais je crois qu'à Coulange, il est une personne
Qui vous tient bien autant au cœur.

LAURETTE.

Quoi ! vous sauriez !...

FINETTE.

Et oui. Comme vous pouvez croire,
Avant que d'entrer chez les gens,
Il faut bien s'informer, apprendre leur histoire ;
On se rend nécessaire alors, & nos talens
Trouvent à s'exercer.

LAURETTE.

Eh bien, je le confesse ;
Le seul mortel que je doive chérir

A 4

Eſt à Coulange, il eſt dans la triſteſſe,
Dans les pleurs ; il doit me haïr.
Croyez pourtant qu'à ſa tendreſſe,
A mes devoirs, on n'eût pu me ravir,
Si l'on n'eût pas uſé d'adreſſe.
Jamais ; non , non, jamais je n'aurais pu le ſuir.
Mademoiſelle , hélas! vous pourriez me ſervir.
Prenez pitié de ma jeuneſſe,
D'un pere, de mon repentir,
De mes larmes, de Luzi même ;
Car je le haïrai...

        FINETTE, *à part.*

        Ce n'eſt pas lui qu'on aime ;
Achevons de nous éclaircir....
(*à Laurette*)
Vous pouvez compter ſur mon zele,
Et qui plus eſt , ſur ma diſcrétion.
Sachons de quel ſervice il ſeroit queſtion....

        LAURETTE.

De me trouver quelqu'un de ſûr & de fidele
Pour porter une lettre....

        FINETTE , *malignement.*
        A Coulange !

        LAURETTE, *avec timidité.*
        Oui.

        FINETTE, *à part.*
        Fort bien.

Je m'en doutais. Je sais où trouver votre affaire,
Et vous voulez écrire, à qui?

LAURETTE, *à part, après une
courte réflexion.*

Je n'en sais rien.

Je n'oserai jamais m'adresser à mon pere,
Mon pauvre & digne pere.... Hélas! à son malheur
Aura-t il pu survivre? affreuse incertitude,
    Dont le poids accable mon cœur!
Et Luzi m'abandonne à cette inquiétude!
N'aurait il pas, du moins, pu charger son ami?....

FINETTE.

Quand on veut employer les gens, il est étrange
De se parler à part, de s'ouvrir à demi...

LAURETTE.

Pardon... me diriez-vous si l'ami de Luzi,
    Si le Marquis de Soligni
    Serait de retour de Coulange?

FINETTE.

J'entends; le message est pour lui.

SCÈNE II.

LUZI, LAURETTE, FINETTE.

Luzi.

Est-ce fini, bientôt? puis-je avec bienféance
Me préfenter?

Finette.

Oh! oui, j'allais vous avertir.

Luzi.

Prenez-vous-en, Laurette, à mon impatience,
(à Finette)
Si, fans être appellé.... Madame va fortir;
Faites préparer la voiture.   (Finette fort.)

SCÈNE III.

LUZI, LAURETTE.

Luzi.

Mais, quel éclat! comme votre beauté
Prête encore à votre parure;
Dans ces ajuftemens, bien loin d'être emprunté,
Votre maintien, je vous affure,
Vous donne un air de dignité.
Tel était votre état; & votre obfcurité
Fut une erreur de la nature.

LAURETTE.

L'ambition n'a point égaré mes souhaits,
Et sous mon humble toit, contente de vous plaire,
   Luzi, je n'eusse cru jamais
   Être pauvre, vous étant chere.
Votre amour, aujourd'hui, me comble de bienfaits,
   Je m'en pare, pour vous complaire :
Mais.... les dois-je accepter, puis je en jouir en paix,
(Je m'en rapporte à vous) sans l'aveu de mon pere ?

LUZI.

Son aveu ? je l'aurai.... Croyez que notre amour
Le comblera de joie : heureux dans ce séjour,
   Il partagera votre aisance.
Passant de la misere au sein de l'opulence,
Doutez-vous qu'il bénisse & sa fille, & le jour
   Qui l'a tiré de l'indigence ?

LAURETTE.

   Vous me trompez. C'est vous, Luzi,
   Vous, qui cherchez à me séduire.
Mon pere, dites-vous, viendra me joindre ici,
Il approuvera tout. Eh bien ! s'il est ainsi,
   Pourquoi tarder à l'en instruire ?
Vous avez cru, sans doute, amuser mon ennui.....
Ce billet inventé pour lui donner le change
Sur vous, sur le motif qui me ravit à lui,
N'étoit qu'un piége adroit.... Monsieur, dès au-
   jourd'hui,
   Je veux retourner à Coulange.

Mon pere eſt bon, ſenſible, il me pardonnera :
 Je lui dirai mes torts, les vôtres ; il verra
Que fidele à l'honneur, malgré mon imprudence,
Je ſuis digne de lui, de toute ſa clémence ;
  Et quant à mes deux jours d'abſence,
Aux yeux des habitans, il les excuſera.

Luzi.

 Non, ne me quittez pas, Laurette.
Si vous aimez Luzi, craignez ſon déſeſpoir.
Exigez, ordonnez, vous ſerez ſatisfaite ;
Mais ne me privez pas du bonheur de vous voir.
 Demain je vole aux pieds de votre pere ;
 Je le fléchis, l'amène en ce ſéjour.
Dans mon cœur, avec vous, il lira ſans détour ;
 Il y verra combien vous m'êtes chere ;
 Et que mes vœux ſe bornant à vous plaire,
Je priſe vos vertus autant que votre amour.

Laurette.

Je vous connus ſincère, & maintenant j'ignore
Si je puis vous en croire avec ſécurité.
  Peut-être tendez-vous encore
  Un piége à ma ſimplicité.
Vous, Luzi, vous pourriez, oubliant la diſtance
Qu'entre vous & mon pere a mis votre naiſſance,
D'un pauvre villageois reſpecter le courroux ?
Vous ne rougiriez pas d'embraſſer ſes genoux
  Pour implorer ſon indulgence ?
 Et vous penſez qu'il pourrait approuver....

SCÈNE IV.

LUZI, LAURETTE, FINETTE.

FINETTE.

Un nommé Saint-Germain , Monsieur , vient
  d'arriver ;
Il demande s'il peut entrer fans imprudence.

LUZI.

Oui, qu'il vienne à l'inflant me parler !

FINETTE.

Le voici....

(Elle fort.)

SCÈNE V.

LUZI, LAURETTE, SAINT - GERMAIN.

LUZI.

Eh bien ! depuis deux jours que nous fommes ici ,
  Que fe paffe-t-il à Coulange ?

LURETTE.

Avez-vous vu mon pere ? eft-il bien affligé ?

SAINT-GERMAIN.

Avec un peu d'efprit , croyez-moi, tout s'arrange,
De la commiffion dont vous m'aviez chargé,

14 LAURETTE,

Je me suis, en honneur, acquitté comme un ange,
Quoiqu'affez rarement le bon-homme m'eut vu,
Je m'étais déguifé, de peur d'être connu.
Il était important de ne vous pas commettre.
Bref, dans fes mains moi-même j'ai rendu,
Effrontément, & la bourfe, & la lettre.

SAINT-GERMAIN.

Bon! il en eft bien loin;
Et puis, de ma candeur, l'or était un témoin
Si fûr, fi convaincant... Il eft allé répandre
Soudain, que fe voyant réduit prefqu'au befoin,
Et de vous une dame offrant de prendre foin,
Il n'avait pas pu s'en défendre.

LUZI, à *Laurette.*

Vous voyez que fur vous, & fur votre deftin,
Ce billet a, du moins, tranquillifé Bazile.

LAURETTE.

Mais vous me promettez toujours...

LUZI.

Soyez tranquille,
Je tiendrai ma parole. Ecoutez, Saint-Germain,
Vous ferez préparer ma chaife pour demain.

(à *Laurette*)   (*Saint-Germain fort.*)

Jamais vos vœux, en moi, ne trouveront d'obftacle.
Mais voici l'heure du fpectacle,

Et ce ferait une incivilité
De faire attendre cette dame
Qui doit vous y conduire.

LAURETTE.

Ah! Luzi, la gaieté
Trouvera maintenant peu d'accès dans mon ame.

LUZI.

Oubliez vos chagrins, livrez-vous à l'espoir.
Pour vous distraire un peu, je compte sur Hortense;
Au sortir du spectacle, avec elle, ce soir
Nous souperons, pour lier connoissance.
Mais, sans doute, elle vous attend;
Allez, ne tardez plus.

LAURETTE.

J'y vais par complaisance :
Et vous ne venez pas?

LUZI.

Je vous joins à l'instant.

SCÈNE VI.

LUZI, seul.

DEVANT Laurette, en vain, j'ai feint d'être tranquile;
La démarche m'allarme, & j'en crains le succès.
Je connais le cœur de Bazile :
Il est trop délicat pour consentir jamais

Que fa fille , avec moi , demeure en cet afyle,
Qu'elle y vive de mes bienfaits.....
S'il faut que près de lui fa fierté la rappelle,
Qu'à me quitter, il veuille la forcer....
La féparation me ferait fi cruelle ,
Que j'appréhende d'y penfer....

SCÈNE VII.

LUZI, SOLIGNY.

SOLIGNY.

EMBRASSE-MOI, mon cher. Où donc eft la
petite ?

LUZI.

Qui ? Laurette ? Elle fort.

SOLIGNY.

J'en fuis au défefpoir.
Franchement elle était l'objet de ma vifite ;
Ce n'eft pas toi que je viens voir.

LUZI.

Je te croyais encore à Coulange.

SOLIGNY.

J'arrive,
Il faut à la fortune immoler fes plaifirs.

Tu

Tu fauras mon hiftoire. Eh bien! à tes defirs,
 Laurette eft-elle encor rétive?
Près d'elle es-tu toujours foumis, tendre, empreffé?
Sais-tu qu'un tel amour mérite des éloges.
Ma foi, fi tu defcends des Gombaut, des Macé,
 Je ne crois pas que tu déroges.

L U Z I.

Si tu veux m'obliger, Marquis, pour aujourd'hui
 Tu feras trève au badinage.
 Je fuis trifte, accablé d'ennui,
 Et je n'aurais pas le courage
 De répondre à ton perfiafflge.

S O L I G N Y.

 Ecoute, mon cher, entre nous,
 Tu m'as l'air d'être un peu jaloux.
Mais, dût-on te tromper, point de mélancolie;
Tu t'es dû préparer à cet accident-là.
Je te l'ai toujours dit, ta Laurette eft jolie,
 Et quelqu'un te l'enlevera.

L U Z I.

Accoutumé, fans doute, au cercle méprifable
 De ces femmes qu'on devrait fuir,
 De cette fecte & vile & puniffable
 Qui fait métier de nous trahir,
Tu réduis tout le fexe à leur claffe coupable.

B

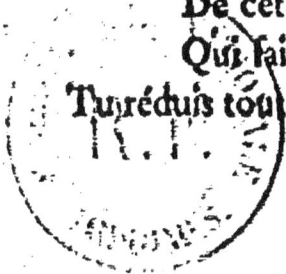

Tu ne trouvas jamais dans leur société
La douce & simple retenue ,
La candeur , la naïveté ,
L'ame de ma Laurette. Elle t'est peu connue,
Si tu peux soupçonner son cœur de fausseté.
Laurette me tromper! Ah! jamais. Sa beauté
Est le moindre bienfait dont le Ciel l'ait pourvue,
Et c'est sur sa bouche ingénue,
Que réside la vérité.

SOLIGNY.

Tu le dis , & je veux t'en croire.
Mais puisque ta maitresse avec toi n'a nuls torts,
D'où provient donc ton humeur noire ,
Ton chagrin?

LUZI.

D'où? de mes remords.
Ah! Soligny, combien je suis coupable,
Et que j'étais peu fait pour être criminel !
J'ai déchiré le cœur du plus digne mortel,
Du pere le plus respectable....

SOLIGNY.

Respectable! oh ! parbleu, je te trouve excellent,
Et l'épithete est admirable ,
Unique... Respectable ! Un rustre, un paysan;
Trop honoré qu'un homme de ton rang

Daigne trouver fa fille aimable,
Et fe l'approprier. Il ferait très-plaifant,
Digne même de toi que jufques à préfent,
Ta bizarre délicateffe
Eût auffi refpecté l'objet de ta tendreffe.
Je n'y verrais pour moi rien d'étonnant ;
Car, foit dit fans blâmer ta gothique fageffe,
Tu n'as pas l'air entreprenant.

Luzi.

Tu dis vrai : je n'ai pas encor eu le courage
D'effaroucher fa timide pudeur.
Son air modefte & doux, fa naïve candeur,
En irritant mes feux, arrachent mon hommage,
Et l'amour contre moi devient fon protecteur.
Connaiffant peu Laurette, & n'ayant pas mon cœur,
Tu peux rire d'un tel langage.
Ni tes pareils, ni toi, vous ne concevez pas
Combien il eft flatteur de fe dire à foi-même,
J'ai troqué des plaifirs groffiers, peu délicats,
Contre le plaifir pur d'eftimer ce que j'aime.

Soligny.

Voilà des fentimens dignes de l'âge d'or.
Comment ? depuis deux jours que tu peux, fans con-
trainte,
Difpofer d'un pareil tréfor,
N'y pas avoir porté la plus légere atteinte!

B 2

De ce fiecle pervers tu fais bien l'ornement.

Ah çà, je voudrais feulement,
Que l'amour, un peu moins, prît fur ton caractère,
Qu'il n'altérât pas ta gaieté.
Jouis, mon cher, à ta maniere,
Mais laiffe-là ta gravité.

LUZI.

Tu parles aifément; tu n'es pas tourmenté,
Pourfuivi, comme moi, par les larmes d'un pere.

SOLIGNY.

Quand tu te pendrais, après tout,
Le mal eft fait. Le mal..... fi c'en eft un encore.
Tu vois dans un village une enfant de ton goût,
Elle écoute avec joie un amour qui l'honore,
Et fe détermine aifément
A quitter fon hameau, fon groffier vêtement,
Sa trifte cabane & fon pere,
Pour fuivre à Paris un amant
Jeune, & qui lui promet parure, ajuftement,
Petit palais, équipage charmant;
Moi, je ne vois rien-là que de fort ordinaire;
Et fi tu n'avais fu promptement t'en faifir,
J'aurois bien pu te prévenir.

LUZI.

Combien tu fais injure à l'ame de Laurette,

En croyant que jamais elle eût pu confentir
 A quitter fon pere, à le fuir!
Pourquoi? Pour acheter au prix de fa défaite
 L'opulence & le repentir.
Pour lui rendre juftice, apprends à mieux connaître
 Quel fut & mon tort & le fien.
Je ne te parle pas des feux que tu vis naître:
Tu fais que fon penchant bientôt fuivit le mien.
Mais malgré fa tendreffe, en vain, pour la conduire
A ce pas dangereux, dont j'ai tant de remords,
J'employai de l'amour les plus puiffans efforts.
Reproches, pleurs, fermens, rien ne put la féduire.
Il eft donc un inftinct propice à la beauté,
Qui plus fort que les foins d'un amant qu'on adore,
 Préferve la fimplicité
 Des dangers que même elle ignore.
Enfin, par mes devoirs arraché de ces lieux
 Que mon amour me rendait précieux,
J'obtiens qu'au point du jour, au bout de fon village,
 Elle viendra fur mon paffage
 Recevoir mes derniers adieux.
 Ce fut-là que fans me contraindre
 Ayant encor déployé vainement
 L'éloquence du fentiment,
Ce langage fi vrai que l'art ne peut atteindre,
 C'en eft affez, lui dis-je, avec fureur,

B 3

Vous voulez mon trépas, vous le voulez, Laurette,
Puisque vous préférez votre obscure retraite
  A mon repos, à mon bonheur.
  Mon désespoir est votre ouvrage ;
Mais n'importe, je pars ; & ma mort ... à ces mots
  La pâleur couvre son visage :
  Ses larmes s'ouvrant un passage,
  Baignent son sein suffoqué de sanglots,
  Et par sa douleur affoiblie,
Ses traits m'offrent bientôt l'image de la mort.
Accablé, déchiré, je ne songe d'abord
  Qu'à la rappeller à la vie.
Mais si-tôt que je vois mes secours & mes cris
  Ranimer un peu ses esprits,
  Je profite de sa foiblesse
  Pour me l'assurer sans retour ;
  Et quand ses yeux s'ouvrent au jour
Elle est, sans le savoir, déja loin du séjour,
  Qui vit élever sa jeunesse.

SOLIGNY.

J'entends, tu l'enlevas ; le mal n'est pas si grand ;
Je crois la voir d'abord jouant la désolée,
  Regretter son pere un moment ;
  Mais de sa perte apparemment,
Le cher Luzi l'eut bientôt consolée.

COMEDIE.

Luzi.

Pour tromper sa douleur , pour calmer ses regrets ,
Je fis , par une route à la nôtre opposée ,
Rendre au pere un billet d'une main déguisée ,
Dont voici le sens à-peu-près.
« Soyez tranquille ; une Dame connue ,
» D'une compagne ayant besoin ,
» Emmene votre fille , elle en aura grand soin ;
» Et dans peu vous saurez ce qu'elle est devenue ».
A ce billet je joignis un présent...

SOLIGNY.

Quoi ! tu sais mon secret pour adoucir les peres ,
C'est le plus sûr , mon cher , & l'or légerement
Les fait passer sur ces miseres.
C'est un métal bien consolant.

LUZI.

Non pas pour celui-là , de qui l'humeur altiere
Ne se sent pas de son obscurité.
Né pour un autre état , son ame haute & fiere
En conserve l'honnéteté ;
Et nous lui devons la justice
De respecter en lui la noblesse du cœur.
Peut-être que du sort éprouvant le caprice ,
Nous n'égalerions pas ce mortel plein d'honneur.
Souviens-toi , Soligny , de ce jour où l'orage
Avait sur son faible héritage
Versé l'infortune & l'horreur :

B 4

Quelle amertume éprouvait son courage
En repouſſant nos dons offerts par la pitié :
Ciel ! faut-il qu'à ce point je ſois humilié ,
Diſait-il en verſant des larmes ,
Qu'un guerrier qui trente ans ſervit ſon Souverain,
Eſtimé de Berwik, compagnon de ſes armes ,
Soit réduit à tendre la main !...
J'entends quelqu'un,

SCENE VIII.

LUZI, LAURETTE, SOLIGNY.

LUZI.

COMMENT ? c'eſt vous, Laurette ?
Déja de retour ?

LAURETTE,

Dieu !

LUZI,

D'où vous vient cet effroi ?
Vous voilà tremblante , défaite...

SOLIGNY.

Vous eſt-il arrivé quelqu'accident ? je croi
Que vous ne craignez pas de parler devant moi.
Au ſurplus ordonnez, ſoudain je fais retraite,

LAURETTE.

Non, Monſieur, d'ailleurs ce n'eſt rien.

Un mouvement involontaire
M'a fait précipiter... Ne me sentant pas bien ,
Luzi, j'ai cru devoir revenir ... mais j'espere...

Luzi.

Laurette, je vous crois sincere ;
Mais ce trouble , cet embarras
Semble cacher quelque mystere :
Si je dois l'ignorer, ne me l'apprenez pas.
Mais ... pouvez-vous blâmer ma tendre inquiétude ?

Laurette.

Rassurez-vous, Luzi, j'ai seulement
Besoin d'un peu de solitude.
Permettez que tous deux je vous quitte un moment.

Luzi.

Nous vous laissons , nous allons chez Hortense
Rejetter sur quelqu'accident
Ce manque de parole. Au souper cependant,
Pourrons-nous la flatter d'avoir votre présence ?

Laurette.

J'irai vous y trouver.

Soligny.

Ne comptez pas sur moi.
(à Laurette)
J'en suis désesperé.... Vous pensez bien , je croi,
Que votre compagnie à tout est préférable :
Mais une affaire indispensable
M'arrache de Paris au moins jusqu'à demain.

LAURETTE, *à Luzi.*

Vous pouvez avec vous emmener Saint-Germain ;
Finette me fuffit.

LUZI.

Adieu ... vous que j'adore,
Vous dont l'amour fait mon bonheur !
Laurette....

LAURETTE, *à part.*

Hélas !

LUZI.

Je vous fuis cher encore....
Vous n'auriez pas de fecret pour mon cœur.

SCÈNE IX.

LAURETTE, *feule.*

ME voilà feule enfin : grand Dieu ! quel parti
prendre ?
Mon pere à l'inftant va venir :
Dois-je l'éviter ou l'attendre ?
Quel jugement vais-je fubir ?
Mon pere que j'ai fui, défolé... mais que j'aime,
Mon pere ... l'honnêteté même,
Me retrouver en ce féjour !
Combien il doit me croire avilie & coupable !
Qu'il eft loin de penfer que jufques à ce jour

Luzi, ce mortel eſtimable,
Ait daigné reſpecter l'objet de ſon amour !
Ma ſituation eſt-elle aſſez affreuſe ?
Il vaut mieux m'épargner la honte de le voir.
Moi, l'éviter ! que dis-je, malheureuſe ?
Moi, le réduire au déſeſpoir !
Non contente d'avoir mérité ſa colere,
M'attirerai-je encore ſa malédiction !
Ne ſuis-je plus ſa fille ?.. indigne de ce nom,
Je dois en révérer l'auguſte caractere.
Qu'il tienne devant lui mes yeux humiliés,
        L'opprobre eſt la peine du crime.
Oui, dût-il m'immoler au courroux qui l'anime,
        Je dois l'attendre & tomber à ſes pieds.
        Mais eſt-il un pere inflexible ?
        A mes larmes, à mes regrets
        Le mien ne peut être inſenſible.
        L'amour du Comte, ſes bienfaits,
        Et plus encor mon âge, ma foibleſſe,
        Pourront excuſer mon erreur :
        Tout m'annonce qu'en ma faveur
        Le ciel lui-même s'intéreſſe.
Dans le cœur de mon pere il ſera mon appui...
Par quel événement il me rappelle à lui !
Un embarras tantôt arrête ma voiture ;
        Mes yeux ſe portent par haſard
Sur quelqu'un qui ſemblait, d'un avide regard,

Chercher mes traits à travers ma parure ;
J'avance la tête, ô terreur !
C'est mon pere. Il soupçonne encor ses yeux d'erreur,
Et ne me reconnaît qu'au cri que la nature
Et le saisissement arrachent à mon cœur....
J'ai cru l'entendre ... une frayeur subite...
Ciel !

SCÈNE X.

LAURETTE, BAZILE.

BAZILE.

ÊTES-VOUS seule ?

LAURETTE.

Oui, j'ai su vous obéir.

BAZILE.

Que faites-vous ici ?

LAURETTE, *voulant tomber à ses pieds.*

Mon pere !

BAZILE, *la retenant.*

Je vous quitte
De vos larmes. Parlez. Vous pleurerez ensuite,
Vous en aurez tout le loisir.
Il me paraît que l'opulence
Du vice en ce pays prévient tous les souhaits.

Ne rougiſſez-vous pas de vous, de vôtre aiſance ?
Oſez-vous vous parer de ces honteux bienfaits !

LAURETTE.

'Ah ! ne m'accablez pas! qu'un reſte de tendreſſe
Vous parle encor en ma faveur.
Daignez, malgré mes torts, croire que ma faibleſſe
N'eut jamais dégradé mon cœur ;
Jamais je n'euſſe eu la baſſeſſe
D'oublier...

BAZILE.

Taiſez-vous ; le menſonge me bleſſe
'Autant que votre faute. Au poids de ma vieilleſſe
Vous ajoutez celui du déshonneur.
Il faut que j'y ſuccombe... Et votre ſéducteur,
C'eſt Luzi, c'eſt ce même Comte
De qui la généroſité....
Je l'admirais, le traître ! Il a la lâcheté
De croire me payer ma honte :
Il s'eſt imaginé que venant à l'appui
D'un ridicule & groſſier artifice,
Son or ſaurait un temps amuſer mon ennui,
Et que mon cœur enfin, ſéduit par l'avarice,
Pourrait s'accoutumer à vous voir avec lui,
Marcher paiſiblement dans les ſentiers du vice.
Il s'eſt trompé. J'ai vu d'abord que ce billet
N'étoit qu'une vile impoſture :
J'ai, qui plus eſt, reconnu le valet.

Feignant de croire tout , dévorant mon injure ,
    A fon infu je marche fur fes pas ;
    J'arrive ; de cette demeure
Je crois vous voir fortir ; à cet afpect , fur l'heure
    La fureur me ranime , & je n'héfite pas
    A courir après l'équipage.
Il m'échappait. La force & non pas le courage
    M'abandonnait , lorfque cet embarras
Eft venu par bonheur au fecours de mon âge.
    Vous l'avouerai-je ; à mon abord ,
Croyant voir dans vos yeux la honte & le remords,
    J'ai prefque oublié votre crime.
    Contre un penchant illégitime
    Faites un courageux effort ,
    Et mon cœur vous rend fon eftime.
Suivez-moi : hâtez-vous d'abandonner ces lieux ;
    Venez dépouiller fous mes yeux
Ces habits dont pour moi l'afpect eft un fupplice ,
Ces honteux ornemens dont fe pare le vice
    Pour paraître moins odieux.
Dans le village , au refte , on n'a point connoiffance
De cet événement qui vous ferait rougir ,
    Et qu'a déguifé ma prudence ;
Vous pouvez avec moi fans crainte revenir...

LAURETTE.

Où , mon pere ?

BAZILE.
    Au féjour où vous prîtes naiffance ;

A Coulange. Venez. Le temps est précieux,
Osez-vous balancer.

LAURETTE.

Pardonnez , ô mon pere !
Si je tarde à vous satisfaire.
Les replis de mon cœur vont s'ouvrir à vos yeux.
Ne vous offensez pas d'un reste de faiblesse.
Luzi m'est cher , je confesse ;
Quelque coupable qu'il paraisse ,
Luzi ne peut m'être odieux.
Ne croyez pourtant pas que mon ame balance.
Je veux m'en détacher. Je suis prête à le fuir :
Mais le quitter en son absence ,
Lui laisser soupçonner que j'ai pu le trahir...

BAZILE.

Que dis-tu ? malheureuse ! & que t'importe encore
L'opinion d'un suborneur ?
Ose-tu me parler du feu qui te dévore ,
Vil ouvrage d'un séducteur
Dont les soins, les bienfaits, ces bienfaits que j'abhorre,
Ne tendaient qu'à ton déshonneur !
Et tu l'aimes , ton cœur préfere
A ton devoir , à moi , ce coupable mortel ,
Ton ennemi le plus cruel !
Tu oses le quitter ! tu crains de lui déplaire !
Ah ! quand il a fallu fuir , désoler ton pere,

Tu n'as pas eu cette timidité,
Qu'attends-tu de fa lâcheté?
Qu'il arrive pour te fouftraire
Une feconde fois à mon autorité!
Ah! crois-moi, perds cette efpérance,
Je fuis fans armes, feul, & par l'âge abattu,
N'importe. On me verra fur ta porte étendu,
Des hommes & du ciel implorer la vengeance,
Les animer de mes tranfports.
Pour aller à toi, le perfide
Sera forcé de marcher fur mon corps,
De m'écrafer fous fon poids homicide.
Et de ce fpectacle effrayés,
Les paffans pleins d'horreur diront avec menace,
Voilà fon pere qu'elle chaffe,
Et que fon amant foule aux pieds.

LAURETTE.

Mon pere, épargnez-moi cette image terrible;
Non: le Comte à ce point n'eft point dénaturé,
Rien de plus doux, de plus fenfible,
Vous lui ferez refpectable & facré.

BAZILE.

D'un traître qui me déshonore
Peux-tu bien me citer le refpect impofteur!
Crois-tu qu'il me féduit encore
Avec fa funefte douceur!
Qu'il vienne devant toi, je faurai le confondre.

Ou

Ou qu'il tremble plutôt de rencontrer mes pas ;
Car si de lui tu peux répondre ,
De moi , de ma fureur , je ne répondrais pas.

LAURETTE.

Non. Ne le voyez pas , évitez sa présence ;
Mais permettez du moins qu'un éternel adieu...

BAZILE.

Moi ? que seule avec lui je vous laisse en ces lieux !
Je n'en aurai jamais la lâche complaisance.
Tant qu'il a pu vous cacher à mes yeux ,
C'était votre crime à tous deux ,
Je n'en étais pas responsable :
Mais le ciel vous remet sous ma garde aujourd'hui ;
De vous dès ce moment je réponds devant lui ,
Et de vos actions je deviendrais coupable.

LAURETTE.

Vous me percez le cœur ; n'importe , j'obéis.
Je ne le verrai plus ... c'en est fait ... je souscris
A vos ordres sans résistance.
Mais , qu'une grace soit le prix
De mon aveugle obéissance.
Je tiens , pour l'obtenir , vos genoux embrassés.
Mon pere , je suis prête à vous donner ma vie :
Mais cet infortuné que je vous sacrifie ,
Oserai-je penser que vous le haïssez ,
Au point de desirer que son trépas expie
Les torts dont vous le punissez.

C

Souffrez que quelques mots à la hâte tracés
L'inftruifent que c'eft vous...

BAZILE.

Non , je veux qu'il ignore
Mes defleins & votre féjour.
Ne voudriez-vous pas qu'à votre pere un jour
Il vînt vous enlever encore ?
Vous craignez , dites-vous, de caufer fon trépas !
Ah ! qu'il meure de honte , il fe ferait juftice.
Mais qu'au tombeau , l'amour précipite fes pas ,
Que cette peur s'évanouiffe ;
Les libertins n'en meurent pas.
Pour la derniere fois fuis-moi , viens ou redoute
Ma malédiction. Tremble de différer.
Quiconque de l'honneur a pu quitter la route ,
N'a plus que l'efpoir d'y rentrer.

Fin du premier Acte.

ACTE II.

SCÈNE PREMIERE.

FINETTE, *seule.*

ON n'est pas de retour encor.
Bon. Tant mieux. Il est tard, & j'appréhendois fort
    De m'être fait une querelle...
Quoique Laurette semble aussi douce que belle,
    Je ne lui reproche qu'un tort,
C'est de ne m'avoir pas prise pour confidente.
Me trouve-t-elle donc l'air d'une surveillante?...
    Au soupçons que j'avois tantôt,
J'en reviens malgré moi: Soligny fait...lui plaire :
Ces feux encore cachés dans l'ombre du mystere,
N'éclateront pour nous, peut-être que trop tôt;
    Et je dois m'attendre sans cesse
'A quelque dénouement qui me chasse d'ici.
Quoi! mon esprit n'aura-t-il pas l'adresse
D'inventer quelque ruse afin d'être éclairci?

A s'assurer de ce qu'il en peut être ?
Par plus d'un aiguillon n'est-il pas excité ?
  L'amour de notre jeune maître….
Mon intérêt…. sur-tout la curiosité….
A demain, nous verrons.

SCÈNE II.

LUZI, FINETTE.

LUZI.

   AH ! te voilà, Finette ?
Je me suis avec peine éclipsé d'un repas,
  Dont le tumultueux fracas
Et les plaisirs bruyans, bien plus que délicats,
Me laissaient regretter de n'y point voir Laurette,
  Et ne m'en dédommageaient pas.
  N'est-elle pas encore remise
  De son indisposition ?

FINETTE.

Qui le sait mieux que vous ? J'ai lieu d'être surprise
  D'une semblable question.
  Je pense que vous l'avez vue
Depuis qu'elle est dehors.

LUZI.

Qu'elle eſt dehors! Comment?
Laurette eſt ſortie!

FINETTE.

Oui vraiment,
Preſqu'auſſi-tôt que vous, & n'eſt pas revenue.

LUZI.

Et quelque domeſtique a-t-il ſuivi ſes pas?

FINETTE.

Non. Nous ne ſavons tous qu'elle temps elle a ſu
    prendre,
Pour diſparaître ainſi ſans qu'on ait pu l'entendre.
La Fleur étoit reſté pour lui donner le bras.

LUZI.

Elle eſt ſortie.... il faut l'attendre.
'Allez dire à mes gens qu'on ne ſe couche pas.

C

SCÈNE III,

LUZI, *seul.*

LAURETTE être dehors à cette heure, sans suite,
A mon insu : que dois-je en augurer ?
Je crois voir dans cette conduite
Un secret que mon cœur tremble de pénétrer.
Laurette, ah ! Dieu ! Laurette, user de stratagême
Pour m'abandonner, pour me fuir !
Est ce l'effet d'un repentir
Et d'un retour sur elle-même ?
'Ah ! que ne puis-je croire ou même supposer
Que le parti qu'elle a pris soit honnête !
Mais j'ai beau sur ce point vouloir m'en imposer,
Chaque réflexion où mon esprit s'arrête,
M'oblige de m'y refuser.
Un reste de pitié, d'intérêt pour ma vie,
L'eût fait m'écrire au moins quelques mots conso-
lans ;
Sa lettre ne l'eût point trahie
Et m'aurait épargné des soupçons accablans.
Laurette me tromper ! Laurette être insensible
Au désespoir de son amant !
Elle qui ce matin d'un air tendre & paisible
Me témoignait encor ... non, il n'est pas possible,

Hélas ! si dans ce même inftant
Où mes foupçons lui font cette injure cruelle,
Ma Laurette arrivait innocente & fidelle !
Pour l'en dédommager, mon amour, mes bienfaits,
Mon fang même, mon fang fuffiroit-il jamais !
Ciel ! quel plaifir j'aurais à m'avouer coupable !
  Combien de larmes, quel tranfport
  Lui ferait oublier un tort....
Que l'état où je fuis rend fans doute excufable !
  Mais je n'ofe livrer mon cœur
  A l'efpoir d'être condamnable ;
  Non, je n'aurai pas ce bonheur.
J'entends un équipage... Eft-ce?.. ô Dieu !..je redoute
De voir fe diffiper le rayon qui m'a lui...
Il s'arrête, je crois... Non, il pourfuit fa route,
  Et mon efpoir paffe avec lui.

SCÈNE IV.

LUZI, SAINT-GERMAIN.

SAINT-GERMAIN, *tenant un paquet de hardes.*

SANS vous importuner, Monſieur, puis je?...

LUZI.

Eh bien, qu'eſt ce?

SAINT-GERMAIN.

C'eſt un paquet à votre adreſſe.

LUZI.

Un paquet! ſavez-vous de quel part il vient?

SANT-GERMAIN.

On n'a rien dit.

LUZI.

Ouvrez; voyons ce qu'il contient.
Que vois je? ô ciel! les hardes de Laurette,
Ses bijoux ... voilà donc le myſtere éclairci.
C'en eſt aſſez ... cette preuve eſt complette.
Il eſt donc vrai ... Je ſuis trahi.
Comme elle a ſu cacher cette trame odieuſe!
La perfide ... & voilà cette candeur heureuſe
Que je croyais ne pouvoir trop vanter;
A l'inſtant où mes pleurs regrettent l'infidelle,
Un autre ... ah! Dieu, cette idée eſt cruelle,

Et je ne puis la supporter.
Quelque soit ce rival, j'en aurai connaissance ;
Et si le feu qu'en mon sein tour-à-tour
Attisait la rage & l'amour,
Ne m'a pas consumé devant le point du jour,
Je ne mourrai pas sans vengeance.
C'est quelqu'un de ces faux amis
A qui se confia ma crédule imprudence,
Peut-être Soligny ... nous en fûmes épris
Tous deux en même-temps... Simple & dans l'inno-
cence,
Elle ignorait alors la fausseté...
Quel soupçon tout-à coup ! quelle affreuse clarté !...
J'en suis trop sûr ; ils sont d'intelligence.
Ce retour, ce refus de souper chez Hortense,
Tout cela n'est qu'un jeu qu'ils avaient concerté.
Oui, c'est Soligny, c'est ce traître
Qui de mon amitié me punit aujourd'hui.
Dans cette opinion, je m'égare peut-être...

SAINT-GERMAIN.

Non, Monsieur, si quelqu'un vous l'enleve, c'est lui.

LUZI.

Me l'enlever !

SAINT-GERMAIN.

Tantôt avec Finette
Nous en parlions encor.

LUZI.

Lui m'enlever Laurette !

Lui que j'avais cru mon ami !
Je prétends m'éclaircir. Tu fais bien fa demeure.

SAINT-GERMAIN.

Oui, Monfieur, ici près.

LUZI.

Va, cours favoir fur l'heure
S'il eft chez lui : fur-tout informe-toi
De ce qu'il fit hier, tâche qu'on te réponde :
Ne crains point d'éveiller fon monde.
S'il le trouve mauvais, je prends le tort fur moi.

SCÈNE V.

LUZI, feul.

QUEL amas de noirceurs que j'ai peine à com-
prendre !
Me renvoyer mes dons, vouloir me faire entendre
Qu'elle dédaigne mes bienfaits.
La cruelle qu'elle eft ! fe peut-il qu'elle efpere
Trouver quelqu'un dont le cœur vrai, fincere,
L'adore comme moi ? Non, perfide, jamais.
Mon tort fut de t'aimer avec trop de faibleffe.
Tes defirs prévenus comblés par ma tendreffe,
Se font éteints. Tel eft ce fexe dangereux ;
Il fe laffe de tout, & même d'être heureux.
Holà, quelqu'un !

SCÈNE VI.

LUZI, FINETTE.

FINETTE.

MONSIEUR, que vous plaît-il ?

LUZI.

Finette,
Emportez ces habits, ôtez-les de mes yeux.
Non, laissez-les.

FINETTE, *tenant le paquet.*

Monsieur !

LUZI.

Egaré, furieux,
Mon cœur ne fait ce qu'il souhaite...
Du tour affreux que l'on me préparait,
Si j'en crois Saint-Germain, vous aviez connaissance

FINETTE.

J'avais bien quelque défiance
Au sujet du Marquis ; mais un zèle indiscret
Me paraissait une imprudence...

LUZI.

De cette horrible trahison
Vous êtes donc persuadée !...
Toute accablante qu'est cette cruelle idée,
Je vois que vous avez raison.

Sans doute qu'à préfent leur flamme fatisfaite...
Je ne déméle pas ce que mon cœur projette ;
Mais à me tourmenter moi-même ingénieux...
Retirez-vous : depuis que j'ai perdu Laurette ,
Tout le monde m'eft odieux.

(Finette fort & emporte le paquet
des hardes de Laurette.)

SCÈNE VII.

LUZI, SAINT-GERMAIN.

LUZI.

TON retour me tardait. Eh bien, quelle nouvelle?

SAINT-GERMAIN.

J'ai réveillé le Suiffe.

LUZI.

Et que t'a-t-il appris ?

SAINT-GERMAIN.

Tout femble confirmer vos foupçons ; le Marquis
Eft parti vers le foir à la même heure qu'elle.

LUZI.

En même-temps ! fait-on quel chemin il a pris ?

SAINT-GERMAIN.

Non ; mais on croit pourtant qu'il eft à fa campagne.

LUZI.

Sans fuite, apparemment?

SAINT-GERMAIN.

Un valet l'accompagne.

LUZI.

Quelle voiture a-t-il?

SAINT-GERMAIN.

Son vis-à-vis.

LUZI.

Quand l'attend-on?

SAINT-GERMAIN.

Mais ce matin, peut-être.

LUZI.

Me voilà convaincu. C'en est assez. Le traître !
Il croit jouir en paix ... ah ! qu'il n'y compte pas.
Au bout de l'univers j'irai suivre ses pas :
J'y poursuivrai sa proie au péril de ma vie ;
Je l'arracherai de ses bras ;
Ou je saurai laver dans le sang des ingrats
Mon injure & leur perfidie.

(*Saint-Germain sort.*)

SCÈNE VIII.

LUZI, SOLIGNY.

SOLIGNY.

BON jour, Luzi. Tu viens, dit-on,
De m'envoyer chercher ! j'arrive ; & fans defcendre,
J'ai volé chez toi pour apprendre
A quoi je te puis être bon.

LUZI.

A me débarraffer d'un rival ; d'un perfide,
Ou du jour qui m'eft en horreur.
Laurette a difparu. Quelqu'efpoir qui vous guide,
Il faut ou me la rendre, ou m'arracher le cœur.

SOLIGNY.

Autant que toi, du moins, mon très-cher, j'ai l'envie
De me couper la gorge, & que quelqu'un expie
Le tour affreux qu'aujourd'hui l'on m'a fait.
Ce ne fera pas toi, cependant, s'il te plaît ;
Entendons-nous, je t'en fupplie.
Laurette t'a quitté. Quelqu'un te l'a ravie !
Je te l'avois prédit ; j'en fuis fâché pour toi ;
Tu l'aimais, elle était jolie ;
Mais, en honneur, ce n'eft pas moi.
Non que je veuille en fait d'amour & de maitreffe

Me piquer de délicateffe.
Sur cet article-là , j'excufe en mes amis ,
Et je me pardonne à moi-même
Quelques petits larcins paffagers & permis
Qu'autorife l'ufage ; enfin, j'ai pour fyftéme
Qu'il faut que chacun vive ; & malgré que je t'aime ,
Mon cher Luzi , de tout mon cœur ,
Si voulant t'attraper on m'eut fait l'avantage
De me choifir , je ne crois pas , d'honneur ,
Que j'euffe pouflé le courage
Jufques à m'armer de rigueur.
Quant aux enlevemens, c'eft toute une autre chofe,
Je n'en fuis plus , le cas eft trop grave aujourd'hui.
Et fi pour me tuer tu n'as pas d'autre caufe ,
Laiffe-moi vivre encor ; & viens voir fi l'ennui
Tient contre un déjeûné , tel que je le propofe.

LUZI.

Vous avez difparu , pourtant,
Tous deux hier au même inftant.
Vos gens , de ce voyage , ignoraient le myftere.
Vous avez refufé fous un prétexte vain
De fouper avec nous. Il eft d'ailleurs certain ,
Que dès long-temps elle avoit fu vous plaire.

SOLIGNY.

J'aurais , affurément , le droit de me piquer
De cette défiance où ton efprit s'obftine ;
Mais je t'aime , & malgré l'humeur qui me domine ,

Je veux bien encor m'expliquer.
Au même inſtant que moi ta Laurette eſt partie !
A cela je ne fais aucune répartie.
C'eſt un de ces évenemens
Qui font l'intrigue des romans,
Un haſard ſingulier. Elle me parut belle ,
Charmante , & j'avouerai que j'en fus très-épris ;
Mais à tous ceux qui la trouveront telle ,
Si ton projet eſt de chercher querelle ,
Je plains la moitié de Paris.
Reſte à l'interpréter. L'énigme du voyage
Myſtérieux, & ſon motif ſecret ,
C'eſt l'article important , celui qui davantage
Le tient au cœur. Eh bien , je vais te mettre au fait.

LUZI.

Il me ſuffit , je vous diſpenſe...

SOLIGNY.

Non , je veux pour t'ôter toute ombre de ſoupçon ,
Te mettre dans ma confidence.
Hier , en te quittant , ma tendre impatience
M'a fait courir en petite maiſon...
C'était un rendez-vous ... à part ... pour la décence...
Avec la tante du Baron ;
Tu la connais, c'eſt un tendron
D'environ cinquante ans , dont j'aimais la richeſſe ,
Le

Le crédit à la Cour, le rang, *& cætera...*
Je voulais l'époufer; & pour l'amener-là,
Dieu fait combien j'offrais de foins & de tendreffe.
Ma conduite, pendant un grand mois & demi,
    Fut un chef-d'œuvre de prudence ;
Eh bien, admire l'art de ce fexe ennemi;
    Je fuis fa dupe, oui, mon ami,
Elle a furpris ma crédule innocence.
Ce n'eft pas tout encore, malgré ma répugnance,
Dans le rôle d'époux à regret engagé,
On fe plaint aujourd'hui de ma perfévérance :
Bref. Ce matin, mon cher, j'ai reçu mon congé.
    Le voici, la forme en eft neuve.
« Ne me revoyez plus, cette légere épreuve
» Me fuffit. Renoncez, Monfieur, à vos projets.
    » Il me faut un mari qui m'aime,
    » Et croyez que je m'y connais,
    » Votre amour ne fera jamais
    » Ce qu'il faudrait à mon ardeur extrême ».
Voilà mon aventure : elle eft autre que celle
Que tu m'attribuais, je penfe. On m'enlevait
    Comme aujourd'hui l'on enleve ta belle.
    J'ai fuccombé, moi : puiffe-t-elle
    S'en tirer mieux que je n'ai fait !
Je n'imagine pas qu'à préfent, mon cher Comte,
Il puiffe te refter des foupçons fur mon compte ;
                    D

Mais, n'entrevois-tu pas quelqu'autre féducteur
Qui, plus heureux que moi, t'ait ravi ta Laurette ?

LUZI.

Non, je m'y perds, pardonne à ma douleur,
A mon amour, à ma fureur,
L'injuſtice que je t'ai faite.

SOLIGNY.

Tu te moques, mon cher, de vouloir t'excuſer.
Si je t'avais enlevé ta maitreſſe,
Je n'aurais pu me diſpenſer
De t'en faire raiſon ; il n'en eſt rien, tout ceſſe.
Nous voilà bons amis, tant mieux.
Viens déjeûner, ton air déſeſperé m'excede.

LUZI.

Je veux mourir.

SOLIGNY.

Mourir ! tu n'es pas aſſez vieux.
Crois-moi, conſerve ce remede
Pour des malheurs plus férieux.

SCÈNE IX.

LUZI, SOLIGNY, SAINT-GERMAIN.

SAINT-GERMAIN.

Monsieur, assurément, le pere de Laurette,
Le bon homme Bazile a part à sa retraite.

LUZI.

Bazile ?

SAINT-GERMAIN.

Ecoutez-moi ; je viens, avec Finette ;
De visiter par curiosité
Ce paquet que tantôt on avoit apporté.

LUZI.

Eh bien !

SAINT-GERMAIN.

Jugez de ma surprise extrême
En y trouvant cette bourse, la même
Que par mes soins vous lui fites tenir.

LUZI.

A son pere ?

SAINT-GERMAIN.

Voyez.

LUZI.

Ma Laurette est fidele,
C'en est assez, je puis à présent tout souffrir.

D 2

SCÈNE X.

Les Acteurs précédens, LA FLEUR.

LA FLEUR.

MONSIEUR, Monsieur, bonne nouvelle.
Par le plus grand hasard, je viens de découvrir...
Madame est ici près.

LUZI.

Ah ! grand Dieu !

LA FLEUR.

Mais mon zèle
Doit, je pense, vous avertir
Qu'un vieux bon homme est avec elle,
Un paysan : tous deux s'apprêtent à partir.

LUZI.

C'est Bazile, c'est lui, courons le prévenir.

LA FLEUR.

Vous allez la trouver si simplement vêtue,
Que vous ne la remettrez pas ;
Mes yeux l'ont presque méconnue.

LUZI.

N'importe, viens, guide mes pas.
(*à Soligni.*)
Ah ! mon ami, je vais la voir encore.
Je tremble, mes esprits sont prêts à s'égarer.
Que de maux a causé l'amour qui me dévore !
Allons, il faut tout réparer.

Fin du second Acte.

ACTE III.

La Scène est dans une hôtellerie, près de la maison de Luzi.

SCÈNE PREMIERE.

LUZI, SOLIGNY, LA FLEUR.

LUZI.

TU m'assures qu'elle est dans cette hôtellerie !

LA FLEUR.

Oui, Monsieur.

LUZI.

T'a-t-on vu ?

LA FLEUR.

Je ne le pense pas.
Toute entiere à sa rêverie....

LUZI.

Et son pere, un vieillard, accompagne ses pas.

D 3

GROSPIERRE.

Pour faire croire à Simonin....

JEANNETTE.

(*Ceci plus vite, et par gradation.*)

Que l'obstacle au mariage.....

GROSPIERRE.

Venant à présent.....

JEANNETTE.

De la fille...

GROSPIERRE.

Du neveu...

JEANNETTE.

Ce seroit à elle....

GROSPIERRE.

Ce seroit à lui....

JEANNETTE.

A payer......

TOUS DEUX.

Le billet. — Le billet.

JEANNETTE *appuyant sur les mots.*

Qu'il est donc de son intérêt.....

GROSPIERRE *de même.*

Que c'est de son avantage....

JEANNETTE.

De renoncer au plutôt.....

GROSPIERRE.

De détruire à jamais.....

JEANNETTE.

Le traité...

GROSPIERRE.

Qui les lie....

TOUS DEUX *avec une grande joie.*

C'est cela. — C'est cela.

GROSPIERRE.

Et puis le mariage de Pauline, et puis le nôtre, et....

JEANNETTE *regardant et le copiant.*

Et puis, et puis madame Mathurine qui vient de ce côté. (*Ils se retirent un peu en arrière pour ne pas être vus.*)

SCÈNE XX.

LES PRÉCÉDENS, MATHURINE *revenant de chez le Notaire.*

MATHURINE.

Simonin est plus tenace que je ne croyois!.... Que vais-je dire à Pauline? Ce neveu, il faut en convenir, seroit un mari bien plus avenant.... Ah! sans ce maudit traité!.... Entrons. (*Elle appelle au-dedans.*) Pauline?

JEANNETTE *se rapprochant.*

J'espère qu'alle est si ben cachée... Ecoutons... (*Elle écoute à la porte.*)

MATHURINE *au-dedans.*

Pauline? Pauline? où es-tu donc?

JEANNETTE *contente.*

La ruse opère.

MATHURINE *au-dedans. On entend les portes qu'elle ouvre, les chaises qu'elle renverse.*

Ma fille? Pauline? Jeannette? ma fille? où sont-elles? Jeannette?

JEANNETTE *criant.*

J'y vais. (*A Grospierre.*) Je me charge de Mathurine; je te recommande Simonin.

SCÈNE XXI.

SIMONIN, GROSPIERRE.

SIMONIN.

V'là le moment; si all' ne veut pas en démordre, faudra payer, ou, si j'épouse, désoler ce jeune homme : c'est ben désagréable, pourtant.

GROSPIERRE *s'approchant.*

St, st! monsieur Simonin.

SIMONIN *avec humeur.*

C'est bon, mon ami; je sais ce que vous voulez; je vous ferons avertir quand il en sera tems.

GROSPIERRE.

Il n'est pas question de ça. C'est ben autre chose, allais!

SIMONIN.

Quoique c'est donc?

GROSPIERRE.

Ce jeune homme..... votre rival.

SIMONIN.

Eh bien?

GROSPIERRE *feignant.*

Eh bien, monsieur..... il vient tout-à-l'heure..... il vient en ce moment même.... il vient d'enlever Pauline!

SIMONIN.

Enlever Pauline! Lui? ça n'est pas possible.

GROSPIERRE.

Voulais-vous que je vous le fasse dire par tous ceux?.....

SIMONIN *encore plus effrayé.*

Il y avoit des témoins?

GROSPIERRE.

Oh! pardine, beaucoup! et je vais les.....

SIMONIN *l'arrétant.*

Non, non, je te crois.... Mais écoute.... N'est-ce pas
pas plutôt elle qui a voulu être enlevée par ce jeune
homme ?

GROSPIERRE *feignant.*

Elle ? eh ! mon dieu, elle a résisté, mais résisté,....
comme on ne résiste pas ! (*Il se détourne pour rire.*)

SIMONIN.

C'est donc lui ? Je suis perdu.

GROSPIERRE.

Oh bien, lui !.... Il n'a rien voulu entendre : il l'a con-
duit chez sa tante ; une chaise de poste qui étoit là,
et fouette cocher. Oh ! mais on peut l'attraper ; et quand
madame Mathurine saura.... Allons lui dire.

SIMONIN *effrayé.*

Non, non, rien ne presse ; (*à part*) et s'il ne tenoit
qu'à moi, elle ne le sauroit jamais. (*Haut.*) Sois
tranquille, je me charge de tout. Je saurai lui apprendre
quand il en sera tems. (*Tout troublé.*) Va-t'en, mon
ami ; va-t'en, je t'en prie ; ne parle à personne : fais
boire les témoins, bois avec eux, bois à ma santé, bois
toujours; je compte sur ta discrétion ; (*il lui donne de
l'argent*) j'y compte, et je saurai la récompenser.

GROSPIERRE *comptant l'argent, et à part.*

Il faut qu'il ait bien peur, car il est bien généreux.

SIMONIN *le poussant.*

Va-t'en donc, va-t'en.

GROSPIERRE *s'émuсant et revenant toujours en se
retournant.*

Mais c'est que ste pauvre mère....

SIMONIN *le poussant.*

J'entends bien, j'entends bien.

GROSPIERRE *se retournant.*

Et pis ste jeune fille...

SIMONIN *le poussant.*

Sans doute....

(*Même jeu de théâtre, sans qu'on entende ce qu'ils disent.*)

SCÈNE XXII ET DERNIÈRE.

LES PRÉCÉDENS, MATHURINE, JEANNETTE.

(*Pendant que Simonin est au fond avec Grospierre, Mathurine et Jeannette sortent de la maison. Mathurine s'appuie sur Jeannette, et tient à sa main une lettre. Jeannette marche lentement, la soutient en riant sous cape.*)

MATHURINE.

Sa haine pour Simonin est la cause de sa fuite.

JEANNETTE *appuyant cette phrase.*

Nous le voyons bien, puisque dans sa lettre, où elle annonce qu'elle va retourner chez sa tante, elle renonce pour jamais à Dulis, pourvu qu'elle ne soit pas la femme de Simonin.

MATHURINE.

C'est affreux ; je som' prise dans mes propres filets. Comme il va triompher ! Le voici...... Laisse-nous. (*Elle cache la lettre.*)

(*Mathurine et Simonin se font des révérences, et s'observent d'un air très-embarrassé. Grospierre et Jeannette, par-derrière eux, se sont rencontrés et font des signes. Mathurine et Simonin se retournent par hasard, les voient, et alors ils s'en vont lentement sans rien dire, et se tournant le dos sans faire semblant de rien. Jeannette entre furtivement dans la maison, et Grospierre, sans être vu, grimpe sur l'arbre où est Dulis.*)

SIMONIN *à part.*

Je crois qu'elle ne sait rien, car elle a l'air triste.

MATHURINE *à part.*

Ho, ho! il seroit plus insolent s'il savoit ce qui se passe.

SIMONIN *à part.*

Si je pouvois profiter de l'avis qu'on vient de me donner pour ravoir mon billet? car c'est bien mon neveu qui est la cause.....

MATHURINE *à part.*

S'il ne sait rien encore, je pourrions retirer mon engagement ; car enfin c'est ma fille qui s'oppose.....

SIMONIN.

Dépêchons-nous de parler, afin d'être le premier.

MATHURINE.

Prenons les avances, de peur qu'il n'apprenne..... et sachons bien vite à quoi nous en tenir. Eh bien! monsieur Simonin, c'est donc sans regret que vous épousez Pauline ?

SIMONIN *hésitant.*

Oui : eh, oui!.... Et vous, madame Mathurine, c'est bien aussi sans aucune peine que vous terminez cette affaire ?

MATHURINE.

Mais...... sans doute...... Comment pourrois-je ?...... Vous savez ben le traité qu'ici ce matin....

SIMONIN.

Oui , ces billets.... J'aurions aussi ben fait peut-être de ne pas nous lier comme ça.....

MATHURINE.

En effet, c'étoit un peu....

SIMONIN *vivement.*

Imprudent, pas vrai ?..... très-imprudent. On aime son neveu..... on l'aime..... ça, c'est vrai, et pour de l'argent, le désespérer!..... Il y a là quelque chose qui me....... (*Il soupire.*)

MATHURINE.

Et moi donc, qui n'ai qu'une fille! Pour dix mille francs, faire son malheur! Je sens que si je ne me retenois....

SIMONIN *à part.*

Elle y vient.

MATHURINE *à part.*

Il y arrive. (*Haut.*) Tenez, le v'là votre billet. (*Elle le tire de sa poche.*)

SIMONIN *de même.*

V'là aussi le vôtre.

MATHURINE.

Je le reconnois ben.

SIMONIN.

Ma foi, vous n'auriez qu'à dire un seul mot.

MATHURINE.

Ah! vous n'avez qu'à faire un signe.

SIMONIN.

Et sur-le-champ...

MATHURINE.

Tout aussitôt....

SIMONIN.

Je déchirerai...

MATHURINE.

Je déchire....

TOUS DEUX.

Voulez-vous? Hin!... Faut-il?... faut-il?... Dites... Oui? oui? (*Avec joie.*) C'est fait.

LES AMANS *à droite et à gauche.*

C'est fait?

TOUS LES PAYSANS *au fond.*

C'est fait.

SIMONIN *confondu.*

Ils sont ici! Comment! mon neveu n'a point enlevé Pauline?

MATHURINE.

Pauline n'est point allée chez sa tante?

GROSPIERRE.

Eh, mon dieu non! La suite, l'enlèvement, tout ça c'est de notre façon....

PAULINE.

Oui, nous vous jurons...

MATHURINE.

Les traîtres!

SIMONIN.

Les fripons! (*Se rapprochant peu-à-peu. Bas.*) Ah ça, madame Mathurine, nous nous sommes bien mis en colère..... A présent, les marierons-nous?

MATHURINE *bas.*

C'est ce que nous avons de mieux à faire, et tout de suite.

SIMONIN *à son neveu, haut et d'un ton sévère.*

Qu'on s'approche.

MATHURINE *de même.*

Et qu'on écoute.

SIMONIN.

Pour vous punir.....

MATHURINE *à Jeannette et Grospierre.*

Et tous les quatre au moins. (*Ils soupirent.*)

SIMONIN.

Je vous ordonne.....

MATHURINE.

A l'instant même.

SIMONIN *très-vivement avec gaîté et bonté.*

De vous aimer, de vous marier....

MATHURINE *de même.*

Et de nous embrasser comme vos meilleurs amis.

LES QUATRE AMANS *embrassant Simonin et Mathurine.*

Mon oncle. — Ma mère. — M. Simonin. — M.me Mathurine. (*Ils les embrassent.*)

SIMONIN *attendri à Mathurine.*

Bien ! bien !.... il faut l'avouer.... ça fait encore plus de plaisir que de gagner dix mille francs.

CHŒUR.

Plus de chagrin, plus de tristesse !
Que chacun célèbre ce beau jour !
Livrons-nous tous à l'allégresse !
La jeunesse est faite pour l'amour.

FIN.

www.ingramcontent.com/pod-product-compliance
Lightning Source LLC
LaVergne TN
LVHW022128080426
835511LV00007B/1082